ABREGE'
DU POËME LATIN
DES
INNOCENS
SERVANT D'INTERMEDES
EN VERS FRANCOIS.

Qui seront chantez en Musique dans l'Abbaye de saint Cheron le 7. d'Aoust 1681.

A CHARTRES,
De l'Imprimerie D'ESTIENNE MASSOT le jeune Imprimeur, ruë des Trois Maillets.

PREMIER INTERMEDE

Sur la Naissance du Sauveur.

CHOEUR D'ANGES.

GABRIEL.

MORTELS, mettez bas toute crainte,
De l'Enfer n'ayez plus de peur,
Ne faites plus ouyr de plainte,
Vous avez un Sauveur.

CHOEUR D'ANGES.

Ne faites plus ouyr de plainte,
Vous avez un Sauveur.

GABRIEL.

IESVS sort du sein de son Pere,
Et vient des Cieux
Se faire homme au sein d'une Mere,
Et vous des Dieux.

CHOEUR D'ANGES.

Celebrez sa Naissance,
Honorez son Enfance,
Et par vos doux concerts
Portez-en la réjoüissance
Iusques au bout de l'Vnivers.

LUCIFER.

Quel bonheur aux humains! qu'elle soudaine joye!

Ie n'entens retentir que le nom d'un Sauveur.

Troupe des Demons.

Quel bonheur aux humains! qu'elle ſoudaine joye!
L'on n'entend retentir que le nom d'un Sauveur.

LUCIFER ſeul.

Il vient, il vient ravir ma proye,
Quel épouvantable mal-heur.

Troupe des Demons.

Quel épouvantable mal-heur.

LUCIFER ſeul.

A moy, peuple infernal, une telle nouvelle
Ne vous fait-elle pas trembler?

Troupe des Demons.

Depêchons, accourons, Lucifer nous appelle,
Haſtons-nous de nous aſſembler.

LUCIFER ſeul.

Ombres, Manes, venez, venez troupe fidelle
M'ayder à tout troubler,
Ioignons tous nôtre zele
Pour ravir ce Sauveur à la race mortelle.

Troupe des Demons.

Nous voicy ſans tarder
Preſts à vous ſeconder.

LUCIFER.

Que faire compagnons, perdus comme nous ſommes?
Vn Sauveur eſt né pour les hommes.

BELZEBUTH.

Ah ſort trop rigoureux!

LUCIFER.

Il vient les tirer de nos chaînes,

Les rendre bien-heureux,
Et redoubler nos peines.

BELZEBUTH.

O rage! ô desespoir!
Ah pour le perdre usous de tout nôtre pouvoir.

Troupe des Demons.

O rage! ô desespoir!
Ah pour le perdre usons de tout nôtre pouvoir.

ASTAROTH seul.

Que chacun de la chose
Sur moy seul se repose:
Ie sçauray tellement Herode épouvanter
Qu'il voudra tout tenter
Pour défendre la cause
Du Sceptre qu'on luy vient ôter.

LUCIFER seul.

Va mon bras droit, mon esperance
Ie remets tout sur toy.

ASTAROTH

Et moy je vous donne asseurance
De perdre ce funeste Roy.

Troupe des Demons.

Hâte-toy donc d'aller sur terre
Pour y répandre la terreur,
Va faire à ce fatal Sauveur
Vne rude & cruelle guerre:
Il faut perir, il faut perir,
Ou le faire mourir.

ASTAROTH.

Sur ma parole
I'y cours, j'y vole.
Troupe des Demons.
Il faut perir, il faut perir,
Ou le faire mourir.

Fin du premier Intermede.

SECOND INTERMEDE.

Les trois Roys avertis par l'Etoile.

HAstons-nous, marchons, accourons,
Vn Astre éclattant nous appelle,
Suivons, suivons son cours, cherchons avecque zele
Le Roy qu'il marque, & l'adorons.

PREMIER ROY.

Allons à la faveur de sa clarté nouvelle.

LES TROIS ROYS.

Hastons-nous, marchons, accourons.

SECOND ROY.

Il nous conduit comme un guide fidelle.

LES TROIS ROYS.

Suivons suivons son cours, cherchons avecque zele
Le Roy qu'il marque, & l'adorons.

TROISIE'ME ROY.

Il prend naissance où brille une étoille si belle.

LES TROIS ROYS.

Ne perdons pas un seul moment
Pour trouver ce grand Roy naissant.

Herode aux trois Roys.

D'où venez-vous, Illustres Mages ?
Qui cherchez-vous? dites le moy ?

Le Premier des trois Roys.

Grand Prince nous cherchons ce Roy
Dont l'étoille éclatante attire nos hommages.

Herode aux trois Roys

Allez le chercher en tous lieux,
Et si vous trouvez sa demeure,
Venez me l'apprendre sur l heure.
Car je veux adorer ce Roy mysterieux.

Les trois Roys s'en allans

Allons, allons en diligence
L'honorer avec reverence.

HERODE seul

O Destins envieux !
Vous voulez donc m'oster ce Sceptre glorieux ?
Ah ! Sceptre que je porte,
Ie t'ay trop acheté,
Et tu m'as trop coûté
Pour te quitter de cette sorte.
O Destins envieux.

COURTISANS D'HERODE.

O Destins envieux !

HERODE.

Quoyque le Ciel ordonne

Ie n'y puis consentir,
Scepre, Thrône, Couronne,
Ie sçauray du peril bien-tost vous garentir.

Astaroth Demon sous la figure du plus grand Confident d'Herode.

Prince osez, tentez tout, mettez crime sur crime,
Pour regner tout est legitime,
Et si vôtre mal-heur par le Ciel est signé,
Monstrez que vous avez regné.

Courtisans d'Herode approuvant Astaroth

O l'excellent avis!
Il n'est rien qu'on ne doive faire
Dans une telle affaire.
Pour conserver un Sceptre bien acquis.

Zamaris vray Confident d'Herode, homme de probité

Pourquoy craindre si fort d'un enfant la foiblesse?
Le grand Herode a peur
D'un Roy sans gloire & sans honneur,
Et qui naist dedans la bassesse.

Messagers accourans l'un sur l'autre

Les Mages ont manqué de foy,
Prince, ils ont pris une autre route
Et par tout retentit le nom du nouveau Roy.
N'en soyez plus en doute.

HERODE furieux.

Quoy c'est donc tout de bon? au peril de ma vie
Ie me veux maintenir pour Roy,

Et ſatisfaire mon envie,
Portant dans Bethléem le carnage & l'effroy.
Soldats que rien n'étonne
Dans les champs de Bellone.

Troupe de Soldats.

Ordonnez, ordonnez.

HERODE.

Redoublez en ce jour le ſoin que vous prenez
De me conſerver la Courone.

Troupe de Soldats.

Ordonnez, ordonnez.

HERODE.

Suivez l'ordre que je vous doune.

Troupe de Soldats.

Ordonnez, ordonnez.

HERODE.

Soyez aujourd'huy déchaînez,
Rendez-vous redoutables,
Courez dans Bethléem, ſoyez des inhumains;
Soyez impitoyables,
Et que tous les enfans periſſent par vos mains.

Troupe de Soldats.

Rendons-nous redoutables,
Courons dans Bethléem, ſoyons des inhumains,
Soyons impitoyables,
Et que tous les enfans periſſent par nos mains.

Fin du ſecond Intermede.

TROISIE'ME INTERMEDE

Assemblée des Anges dans le Ciel.

MICHAEL A DIEU

GRAND Dieu ! qu'entendons - nous ?
Vôtre Fils bien aymé, cette arche salutaire,
Ce Sauveur, ce Messie, en qui le monde espere,
Cét arbitre Divin de la paix avec vous,
Et qui de vôtre Eglise est destiné l'Epoux,
Ce Fils est poursuivy d'un cruel adversaire :
Herode emporté de colere
Est prest de l'immoler à son transport jaloux.

CHOEUR D'ANGES.

Grand Dieu qu'entendons - nous.

MICHAEL.

Vous en estes le Pere,
C'est à vous d'appaiser d'Herode le couroux ;
Ou si dans son dessein ce Tyran persevere,
C'est à vous de le mettre à l'abry de ses coups.

CHOEUR D'ANGES.

C'est à vous de le mettre à l'abry de ses coups.

MICHAEL seul.

Ah ! sauvez un Sauveur dont la vie est si chere,
Nous vous en prions tous.
Sauvez tant d'Innocens d'une mort si severe,
Ils sont dignes d'un sort plus doux.

CHOEUR D'ANGES.

Nous vous en prions tous.

LE PERE E'TERNEL.

Esprits saints cessez de vous plaindre?
Vous n'avez rien à craindre:
Herode sur mon fils n'aura point de pouvoir,
Ie vais à son salut pourvoir.

CHOEUR D'ANGES.

Loüange, loüange, loüange.
Soit à Dieu tout-puissant.
Loüange, loüange, loüange
Soit à son Fils naissant.
Loüange, loüange, loüange
Soit à l'Esprit Divin tous deux les unissant.

LE PERE E'TERNEL.

Mais tous les Innocens tomberont sous ses coups;
Car je veux des Demons qu'ils remplissent la place
Ie veux qu'un effet de ma grace
Les rende dans le Ciel des Anges comme vous.

CHOEUR D'ANGES.

Louange, louange, louange,
Louange, louange, &c,

Le Pere Eternel à l'Ange Gabriël.

Va, cours à Ioseph de ce pas
Luy dire qu'il prenne la fuite
Pour sauver mon Fils du trépas.

GABRIEL.

De vos ordres, grand Dieu, sur le champ je m'acquite.

Chœur d'Anges repete tout au long

Louange, louange, louange,
Louange, louange, &c.

Herode effrayé de mille Spectres dans son lict par l'artifice d'Astaroth.

Dieux qu'est-ce que je voy !
Quels spectres effroyables,
Quels monstres redoutables
Sur mon lict j'aperçoy !
Ombres épouvantables,
Phantômes detestables
En voulez-vous à moy ?

Spectres semblans luy répondre

Il te faut quitter la Couronne
Le Ciel ainsi l'ordonne.

HERODE.

Quoy je ne suis plus Roy !
Vn autre au peuple Iuif s'en va donner la loy.

Spectres derechef.

Il te faut quitter la Couronne
Le Ciel ainsi l'ordonne.

Herode s'immaginant voir son fils assis sur le Thrône.

O Dieux ! ne voy-je pas de mon plus cher enfant
La formidable image ?
Il est assis déja sur mon Thrône éclatant.
Prest à me faire outrage.
Ah fils dénaturé ! C'est en vain qu'on pretend
Que tu sois Roy des Iuifs, & moy dans l'esclavage:
De tes freres j'ay sceu me rendre triomphant,
I'ay peu sacrifier Mariamne à ma rage,
De tous mes ennemis faire un sanglant carnage,

Ie veux pour me rendre content
Qu'on te mette à mort à l'instant,
Alexas, Alexas, apporte m'en la teste.

Alexas Gouverneur du jeune Prince.

Prince à vous obeyr ma main est toûjours prête?
Mais songez qu'entre tous, vous l'aymez tendrement,
Et craignez que sa mort ne vous soit un tourment.

HERODE en suspens.

Hé bien donc je le veux, arreste.....
Non, puisqu'il aspire à mon rang,
Va répandre son sang.

ALEXAS.

Ah! quelle violence,
Seigneur, exigez-vous de mon obeïssance,
Grace, grace pour luy.

HERODE

Non, qu'il meure aujourd'huy
Sa mort m'est d'importance.

Alexas & les gens d'Herode

Grace, grace pour luy.

HERODE.

C'est vainement que l'on espere
Appaiser ma colere,
Non, qu'il meure aujourd'huy.

Alexas & ses gens derechef.

Grace, grace pour luy.

HERODE furieux.

Oh bien il faut donc que la vie
Luy soit par moy-méme ravie.

Fin du troisiéme Intermede.

QUATRIE'ME INTERMEDE

Sur le maſſacre des Innocens.

Hermon Chef & ſes Soldats enſemble.

ARmons-nous de fureur, commençons le carnage
Où l'ordre du Roy nous engage,
La paix de ſes Etats
Dépend aujourd'huy de nos bras :
Ravageons Bethléem & tout le voiſinage.

RACHEL mere.

Helas où ſommes-nous !

SEPHORA.

Ah quels ſoldats terribles !

MAGDALIS.

Ah quels monſtres horribles !

Toutes les Meres.

Helas où ſommes-nous !

La Troupe des Soldats.

Ravageons, ſaccageons,
Maſſacrons, égorgeons.

LES MERES.

Iuſte Ciel quelle barbarie !
Vous deſolez nôtre Patrie.

La Troupe des Soldats.

Ravageons, ſaccageons,
Maſſacrons, égorgeons.

LES MERES

Helas pourquoy tant de furie !

Epargnez nos enfans,
Ce sont des Innocens.

HERMON seul.

Non point d'égard à l'âge,
Il faut tout mettre à mort.

Tous les Soldats.

Poursuivons, poursuivons d'en faire le carnage.
Carnage, carnage, carnage :
C'est de tous vos enfans le sort.

Rachel dans le Temple.

Grand Dieu, qui devez prendre
Le soin de nous deffendre,
Hâtez-vous de nous secourir.

HERMON seul.

Ne nous laissons point attendrir.

RACHEL.

Quoy pouvez-vous sans pitié nous entendre ?
Pouvez-vous voir ainsi nôtre sang se répandre ?

Tous les Soldats.

Ne nous laissons point attendrir,
Faisons les tous mourir.

EPHRATA dans sa maison.

Que ne vient-tu, Sauveur, appaiser cette rage ?
Pourquoy tarde-tu davantage ?
O desiré Sauveur !
Viens, viens arrester ce carnage,
Viens, viens finir nôtre mal-heur.

Toutes les Meres aux Soldats.

Cessez, cessez soldats, cessez vôtre fureur.

Troupe de Soldats.

Non point de grace, point de grace,
Faiſons ſur tous main baſſe.

LES MERES.

Cruels! vous n'en recherchez qu'un,
Et vous en maſſacrez en méme temps cent autres.
Pourquoy rendre le maſſacre commun,
Et perdre tous les nôtres?

Troupe de Soldats.

Non point de grace, point de grace,
Faiſons ſur tous main baſſe.

AGAR mere.

Monſtres nez de l'Enfer,
Il faut que vôtre ſang nous paye un ſang ſi cher.

Toutes les Meres.

Il eſt temps que nôtre furie
Vous arrache la vie.

Les ſoldats fuyants.

Fuyons, fuyons, craignons de leur rage l'effort;
C'en eſt fait tout eſt mort.

Hermon Chef, & ſes Soldats enſemble.

Allons, allons chargez de gloire,
Allons vainqueurs & triomphans,
Allons chargez de gloire
Aſſeurer nôtre Roy du meurtre des enfans.
Allons vainqueurs & triomphans
Allons chargez de gloire
Recevoir tous le prix d'une telle victoire.

Hermon ſeul à Herode.

Prince, vivez content,
Nous avons ſatisfait à vôtre juſte envie,
Vôtre ennemy n'eſt plus en vie,
Prince, vivez content.

Tous les Soldats enſemble.

Prince, vivez content.

HERODE.

Venez genereux deffenſeurs
De mon ſceptre & de ma couronne
Approchez illuſtres vainqueurs,
Venez que je vous donne
Les prix que je vous dois, & vous comble d'honneurs.

CHANSON D'HERMON

Et de ſes Soldats, recompenſez par Herode.

Par differends Chœurs.

Premier Chœur.

AH qu'il eſt doux de profiter
Du bon-heur de nos armes.

Second Chœur.

Qu'il eſt doux de gouſter
Le triomphe & ſes charmes.

Troiſiéme Chœur.

Ah qu'il eſt doux de profiter
Du bon-heur de nos armes.

Tous enſemble avec les Inſtrumens.

Chantons tous à la fois
Celebrons la victoire
Qui nous couvre de gloire.
Chantons tous à la fois.

Premier Chœur.

Ah qu'il eſt doux de profiter
Du bon-heur de nos armes.

Second Chœur.

Qu'il eſt doux de goûter
Le triomphe & ſes charmes.

Troiſiéme Chœur.

Ah qu'il eſt doux de profiter
Du bon-heur de nos armes.

Tous enſemble avec les inſtruments.

Chantons tous à la fois,
Celebrons la victoire
Qui nous couvre de gloire:
Chantons tous à la fois
Et vantons la memoire
De nos fameux exploits.

Premier Chœur.

Ah qu'il eſt doux de profiter
Du bon-heur de nos armes.

Second Chœur.

Qu'il eſt doux de goûter
Le triomphe & ſes charmes.

Troiſiéme Chœur.

Ah qu'il eſt doux de profiter
Du bon-heur de nos armes.

Tous enſemble avec les Inſtruments.

Ioignons nos voix,
Chantons tous à la fois,
Et vantons la victoire
Qui nous couvre de gloire.

Fin du quatriéme & dernier Intermede.

PERMIS d'imprimer. A Chartres ce troiſiéme iour d'Aouſt mil ſix cens quatre-vingt-un. PIERRE & BEURIER.

www.ingramcontent.com/pod-product-compliance
Lightning Source LLC
LaVergne TN
LVHW050229180726
843501LV00013BA/3384

* 9 7 8 2 3 2 9 6 1 9 1 6 3 *